IL LIBRO ≫ DEI

Monumenti

PIÙ FAMOSI DEL MONDO

TORRE EIFFEL

 Parigi, Francia.

- Fu progettata da Gustave Eiffel e costruita per l'Esposizione Universale del 1889.
- <u>Doveva essere smantellata</u> in seguito, ma alla fine decisero di mantenerla.
- All'inizio, la gente pensava che fosse orribile.
- È alta 324 metri, ha 1.665 gradini ed è tenuta insieme grazie a 2,5 milioni di viti.
- È il quarto monumento più visitato al mondo.

Taj Mahal

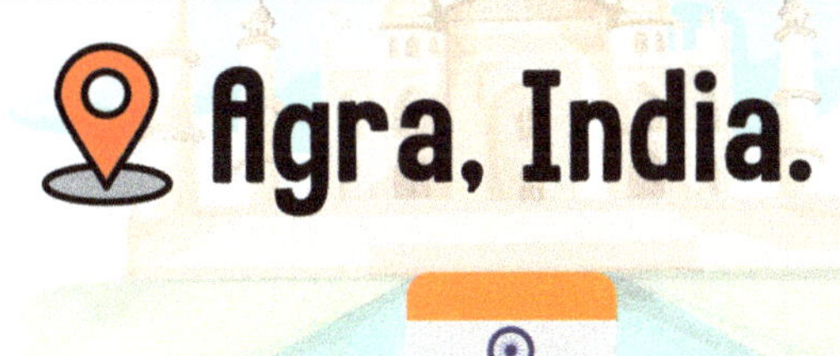 Agra, India.

- È un monumento funerario costruito sulle rive del fiume Yamuna.

- L'imperatore Sha Jahan lo fece costruire in onore della sua amata moglie, Mumtaz Mahal.

- Taj Mahal significa "Palazzo della Corona".

- Ci sono voluti 23 anni per costruirlo (1631–1654) e il lavoro di oltre 20.000 operai.

- È una delle 7 meraviglie del Mondo Moderno.

Grande Muraglia Cinese

 Cina.

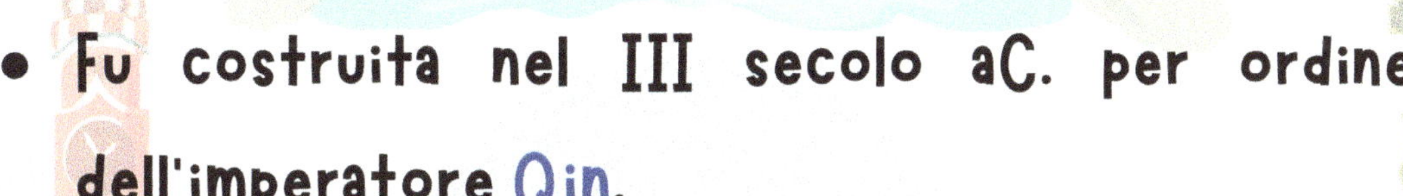

- Fu costruita nel III secolo aC. per ordine dell'imperatore Qin.

- La sua funzione era quella di impedire agli invasori di attaccare da nord.

- La sua lunghezza totale è di 21.196 km.

- Ci sono voluti circa 2000 anni per costruirla, attraversando diverse dinastie.

- A differenza della credenza popolare, non si può vedere dallo spazio.

- È una delle 7 meraviglie del Mondo Moderno.

STATUA DELLA LIBERTÀ

 New York City, Stati Uniti.

- Fu un regalo della Francia per commemorare il centenario della Dichiarazione di Indipendenza degli Stati Uniti.

- Rappresenta la libertà opposta all'oppressione.

- Il vero nome della statua è Libertà che illumina il mondo.

- Per diversi anni servì da faro di navigazione.

- Il suo colore verdastro è dovuto all'ossidazione del rame che ricopre la statua.

- Misura 93 metri (compreso il piedistallo).

Teatro dell'Opera di Sydney

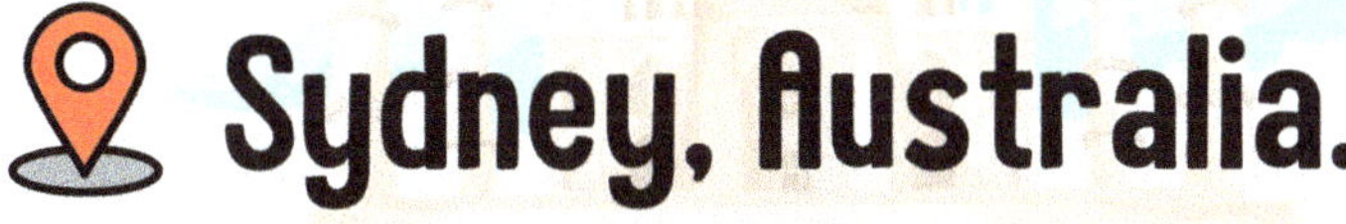

- È opera dell'architetto danese Jørn Utzon, il cui progetto è stato il vincitore di un concorso a cui sono stati presentati 233 progetti provenienti da 32 paesi.

- Avevano previsto di spendere 7 milioni di dollari per costruirlo, ma alla fine è costato 102 milioni di dollari australiani.

- Misura 183 metri di lunghezza, circa 120 metri di lunghezza e 67 metri di altezza.

- È stato dichiarato Patrimonio dell'Umanità dall'UNESCO nel 2007.

LINCOLN MEMORIAL

Washington, D.C., Stati Uniti.

- È stato costruito per onorare la memoria del presidente Abraham Lincoln.

- All'interno dell'edificio c'è una statua di Lincoln che guarda verso il Monumento a Washington.

- È uno dei monumenti più visitati negli Stati Uniti. Riceve circa 6 milioni di turisti ogni anno.

- Lì, Martin Luther King pronunciò il suo famoso discorso "I have a dream".

CATTEDRALE DI
NOTRE-DAME

 Parigi, Francia.

- È una cattedrale dedicata alla Vergine Maria e uno dei monumenti più famosi di Parigi.
- Notre Dame si traduce in "Nostra Signora".
- Si trova sull'Ile de la Cité, nel mezzo della Senna.
- Victor Hugó ha collocato Quasimodo, il personaggio gobbo del suo romanzo Nostra Signora di Parigi, a Notre Dame.
- È ornata con doccioni, che servono a convogliare l'acqua piovana in eccesso.

COLOSSEO DI ROMA

📍 Roma, Italia.

- Nel Colosseo o Anfiteatro i romani si godevano diversi spettacoli.

- Originariamente era chiamato **Anfiteatro Flavio**. Ma venne ribattezzato Colosseo dopo una statua vicina, il **Colosso di Nerone**.

- Potrebbe ospitare 50.000 persone.

- Era il <u>più grande</u> dell'Impero Romano.

- Nel 1980 è stato dichiarato Patrimonio dell'Umanità dall'UNESCO.

- ✅ È una delle 7 meraviglie del Mondo Moderno.

MONT-SAINT-MICHEL

📍 Normandia, Francia.

- È un <u>isolotto roccioso</u> situato nel nord-ovest della Francia, nella regione della Normandia.

- Secondo la leggenda, l'arcangelo Michele visitò in sogno il vescovo Aubert de Avranches, ordinandogli di costruire una chiesa lì.

- Fu una prigione durante la Rivoluzione Francese.

- È uno dei luoghi turistici più visitati in Francia, con più di 3 milioni di turisti all'anno.

- Nel 1979 è stato dichiarato Patrimonio dell'Umanità UNESCO.

Pyramids of Giza

📍 Giza, Egitto.

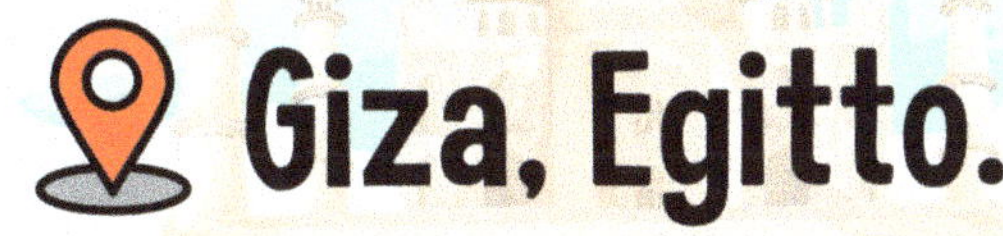

- Sono le piramidi più conosciute in Egitto.

- Hanno più di 4.000 anni.

- Erano templi funerari. In essi i faraoni furono sepolti in modo che potessero godersi la vita dopo la morte.

- La più grande è quella di Cheope. Si trova vicino a quelle di Chefren e Micerino.

- Sono la prova che gli antichi egizi erano grandi conoscitori di matematica e geometria.

GOLDEN GATE BRIDGE

San Francisco, Stati Uniti.

- È il più grande simbolo di San Francisco.
- Prima che fosse costruito, la gente doveva attraversare lo stretto in barca.
- Porta lo stesso nome dello stretto su cui è costruito.
- Al momento della sua costruzione era il ponte sospeso più lungo del mondo.
- È lungo 2,7 km e alto 227 metri.
- Il ponte contiene cavi sufficienti per fare il giro della Terra tre volte.

Cristo Redentore

 Rio de Janeiro, Brasile.

- È conosciuto anche come Cristo del Corcovado. Si trova sulla cima del Monte Corcovado, nel Parco Nazionale della Tijuca, a 710 metri sul livello del mare.

- È alto 38 metri e pesa 1.145 tonnellate.

- È stato costruito in Francia ed è arrivato in Brasile a pezzi.

- Nel 2007 è stata scelta come una delle 7 Meraviglie del Mondo Moderno.

ACROPOLI DI ATENE

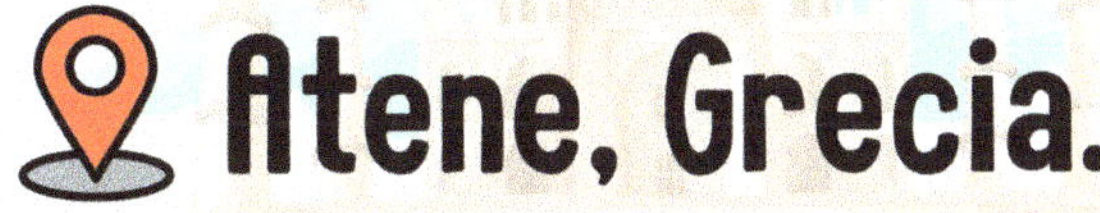 Atene, Grecia.

- Le **acropoli** erano recinti che ospitavano importanti monumenti ed edifici religiosi, tra gli altri. La più famosa è quella di Atene.
- Contiene <u>3 templi</u>: il **Partenone**, l'**Eretteo** e il tempio di Atena Nike.
- "Acropoli" significa "**città alta**". È logico, perché erano nelle zone più alte delle città.
- È stata dichiarata Patrimonio dell'Umanità dall'UNESCO nel 1987.

Chichén Itzá

- È un complesso di rovine Maya situato nella penisola dello Yucatan.

- Chichén Itzá significa "bocca del pozzo degli itzaes". Gli Itza erano un popolo Maya che viveva nello Yucatan.

- La sua costruzione principale è la Piramide di Kukulcán, chiamata anche "El Castillo".

- Nel 1988 l'intera area è stata dichiarata Patrimonio dell'Umanità dall'UNESCO.

- ✅ È una delle 7 meraviglie del Mondo Moderno.

CREMLINO DI MOSCA

📍 Mosca, Russia.

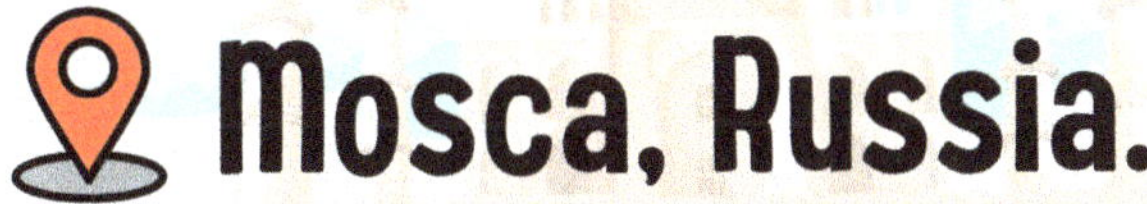

- È la <u>sede del governo</u> russo. All'interno delle sue mura ci sono quattro palazzi e quattro cattedrali.

- Si trova accanto alla Piazza Rossa.

- "Cremlino" deriva dalla parola russa "kreml", che <u>significa</u> "fortezza" o "città fortificata".

- La sua cinta muraria è lunga circa 2.500 metri ed è unita da un totale di 20 torri.

- La Torre Spásskaya (torre dell'orologio) è la più alta e la più colorata del recinto.

Big Ben

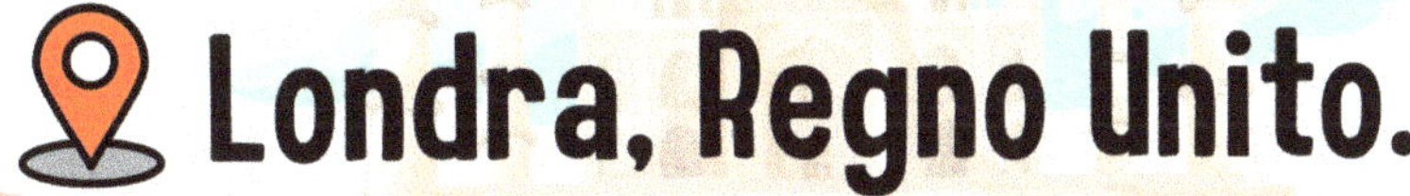
📍 Londra, Regno Unito.

- **Big Ben** è il nome spesso usato per indicare la torre dell'orologio situata accanto al **Palazzo di Westminster**. Tuttavia, Big Ben è in realtà il nome della campana al suo interno.

- **Elizabeth Tower** è l'attuale nome della torre, in onore della regina.

- Fino al 2012 il suo nome ufficiale era **Clock Tower** (Torre dell'Orologio).

- La spettacolare torre contiene il più grande orologio a quattro lati del mondo.

PICCOLA PETRA

 Giordania.

- È una <u>città scavata nella roccia</u> e capitale dell'antico regno nabateo.

- Petra deriva dalla parola greca "Petros" e <u>significa</u> "pietra".

- È conosciuta come "la città perduta". Fu abbandonato secoli fa, nascosta sotto la sabbia, fino a quando l'esploratore Johann Ludwig Burckhardt la riscoprì nel XIX secolo.

- È stata l'ambientazione di film come Indiana Jones e l'ultima crociata.

- ✅ È una delle 7 meraviglie del Mondo Moderno.

BRANDENBURG GATE

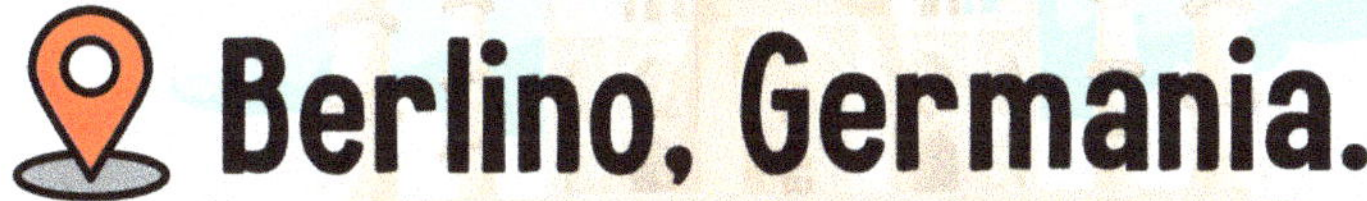 Berlino, Germania.

- È un'antica porta di accesso a Berlino. C'erano un totale di dodici porte, e questa è l'unica rimasta.

- Anche se in passato si trovava ai margini della città (essendo una porta), attualmente si trova al centro.

- Fino al 1918 poteva essere utilizzata solo dai membri della famiglia reale e da alcune persone privilegiate.

- Il suo stile si ispira all'Acropoli di Atene.

TEMPLI DI ANGKOR

📍 Angkor, Cambogia.

- Sono antichi templi di pietra nascosti nel mezzo della giungla.

- Angkor Wat è il più grande di tutti e il meglio conservato. È considerata la più grande costruzione religiosa del mondo.

- Questo tempio appare sulla bandiera cambogiana.

- Nel complesso archeologico di Angkor ci sono circa 1.000 templi.

- Nel 1992 sono stati dichiarati Patrimonio dell'Umanità dall'UNESCO.

SAGRADA FAMILIA

📍 Barcellona, Spagna.

- Il Temple Expiatori de la Sagrada Família è una basilica cattolica progettata dall'architetto Antoni Gaudí.
- Iniziò nel 1882, ma oggi è ancora in costruzione (2023).
- Una volta completata, sarà l'edificio più alto di Barcellona e la chiesa cristiana più alta del mondo.
- È stata dichiarata Patrimonio dell'Umanità dall'UNESCO nel 2005.

DUOMO DI MILANO

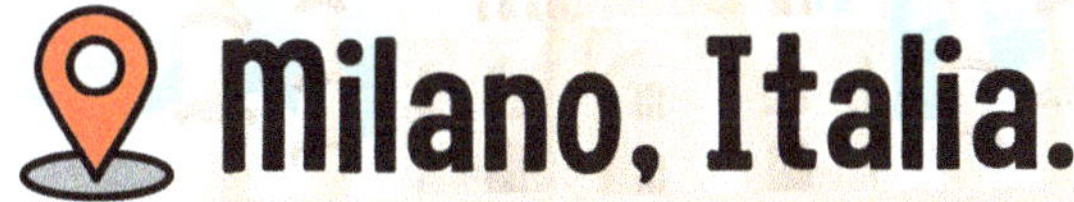 Milano, Italia.

- È la cattedrale di Milano.

- "Duomo" è una parola italiana che significa "Cattedrale".

- È una delle più grandi chiese cattoliche del mondo.

- Si dice che sia decorato con 3.400 statue, 135 doccioni e altre 700 figure.

- Il punto più alto dell'edificio è la Madonnina. Si tratta di una statua in rame dorato che rappresenta la Vergine.

TORRE DI PISA

📍 Pisa, Italia.

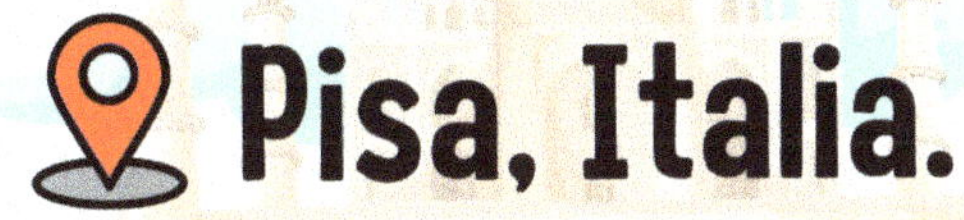

- Conosciuta anche come Torre Pendente di Pisa. È il campanile del Duomo o cattedrale di Pisa.

- La sua costruzione iniziò nel 1773, e solo 5 anni dopo iniziò ad inclinarsi.

- È alta 8 piani e ha 294 gradini.

- All'inizio cominciò a inclinarsi verso nord. Tuttavia, terminati i lavori del campanile, la torre iniziò ad inclinarsi verso sud.

Moai

📍 Isola di Pasqua, Cile.

- Sono <u>gigantesche statue di pietra</u> costruite dagli indigeni dell'isola.

- Nella lingua Rapanui (la lingua dei nativi dell'Isola di Pasqua), "moai" <u>significa</u> "scultura".

- Ci sono circa 900 moai sull'isola.

- Il Tukuturi moai è il <u>più antico</u> scoperto.

- Esistono diverse teorie sul loro significato, ma la più accreditata sostiene che si tratti di rappresentazioni destinate al culto degli antenati.

MONTE RUSHMORE

📍 Keystone, Stati Uniti.

- Il Mount Rushmore National Monument è una scultura scolpita direttamente nella roccia di una montagna.

- Rappresenta i presidenti americani: George Washington, Thomas Jefferson, Theodore Roosevelt e Abraham Lincoln.

- I volti scolpiti sono alti 18 metri.

- Dietro i volti dei presidenti c'è un caveau segreto chiamato "Sala degli Atti" o "Hall of Records".

E siamo arrivati alla fine!

Spero che ti sia piaciuto il viaggio e che tu abbia imparato cose nuove.

Ci sono molti altri monumenti e luoghi turistici da scoprire: l'Alhambra di Granada, la Basilica di Santa Sofía, Machu Picchu (che è un'altra delle 7 Meraviglie del Mondo Moderno) ...

Quanti di questi posti conoscevi? Quali hai visitato? Quali vorresti visitare?

Voglio chiederti un favore affinché questo libro raggiunga più persone, e cioè che tu lo valuti con un parere sincero sulla piattaforma dove lo hai acquistato.

Con quel piccolo gesto mi aiuterai a portare avanti nuovi progetti.

Non vedo l'ora di iniziare a creare il mio prossimo libro per te!

A presto!

IMPARA CON I NOSTRI
LIBRI EDUCATIVI PER BAMBINI

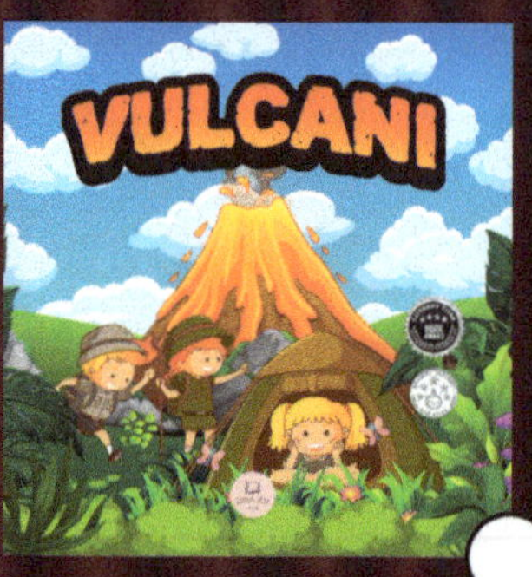

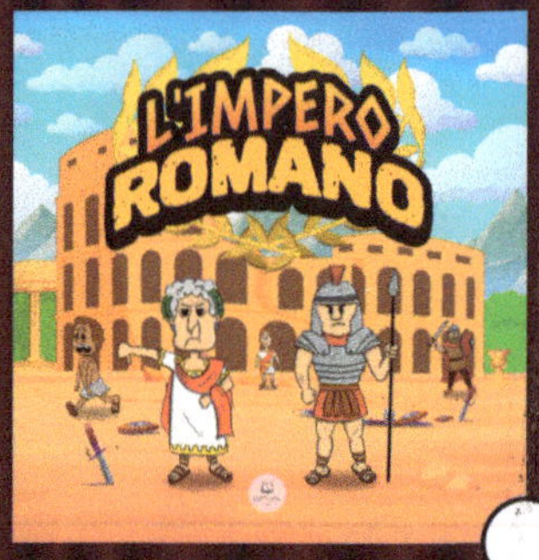

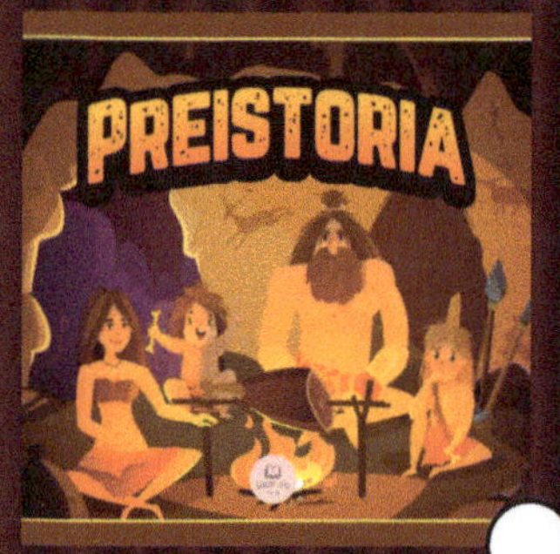

 contacto@samueljohnbooks.com

 www.amazon.it/dp/B09WJ4C4BQ